Noemi Dariva, fsp (org.)

LEMBRANDO NOSSOS MORTOS

*Celebrações para velórios, 7º e 30º dias,
Finados e outras datas*

Direção-geral: *Bernadete Boff*
Editora responsável: *Andréia Schweitzer*
Copidesque: *Cirano Dias Pelin*
Coordenação de revisão: *Marina Mendonça*
Revisão: *Ana Cecilia Mari*
Gerente de produção: *Felício Calegaro Neto*
Diagramação: *Manuel Rebelato Miramontes*

1ª edição –2016
1ª reimpressão – 2016

Paulinas

Rua Dona Inácia Uchoa, 62
04110-020 – São Paulo – SP (Brasil)
Tel.: (11) 2125-3500
http://www.paulinas.org.br – editora@paulinas.com.br
Telemarketing e SAC: 0800-7010081
© Pia Sociedade Filhas de São Paulo – São Paulo, 2016

"Para os que creem, a vida não é tirada, mas transformada."

Os textos foram extraídos do livro
Vida agora e sempre, de Frei Luiz Turra,
São Paulo, Paulinas, 2001.

Os cantos indicados
(os quais poderão ser substituídos por outros mais conhecidos)
são do CD *Vida agora e sempre (Instrumental)*,
e do CD *Palavras sagradas de Paulo Apóstolo*,
ambos de Frei Luiz Turra, São Paulo, Paulinas/Comep.

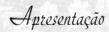

Apresentação

Querendo auxiliar as pessoas que desejam fazer uma pequena homenagem a seus falecidos, no dia do velório, nas celebrações de sétimo ou trigésimo dias, Finados etc., simplificamos e facilitamos o manuseio do livro *Vida agora e sempre*, de Frei Luiz Turra, apresentando-o em formato menor, com celebrações mais curtas e sugestões de cantos, que podem ser substituídos por outros mais conhecidos, e algumas orações no final.

O título, *Lembrando nossos mortos*, quer ser um sinal de amor, gratidão e comunhão com nossos entes queridos que passaram por nós. É significativa a frase que diz: "Para o ser humano, o pior não é morrer, o pior é ser esquecido". Além disso, esse subsídio quer confirmar que a melhor homenagem a uma pessoa falecida é proclamar: "Nós cremos na ressurreição!".

A comunidade cristã une-se à família do(a) falecido(a) para celebrar o conforto da fé, que nos vem pela presença de Cristo Ressuscitado. Se é difícil enfrentar a dor de uma separação, é muito pior enfrentá-la sozinho. A presença solidária dos parentes, dos amigos e da comunidade traz um grande alento à família do(a) falecido(a). Essa presença se torna muito mais valiosa e eficaz na medida da fé que carregamos conosco. A fé no Cristo Ressuscitado faz ver além da aparência de um corpo frio e ferido pela morte. Tanta vida não pode perder-se nem morrer, nem se apagar, nem mesmo se destruir. "Para os que creem, a vida não é tirada, mas transformada."

Rezamos e cantamos, porque cremos no Deus da vida. Esta parece ser a melhor homenagem que podemos prestar a quem amamos e que deixa a nossa convivência neste mundo para a comunhão eterna junto ao Pai.

Que este livreto possa ser bastante útil a todos aqueles que desejarem participar de um momento de oração com sua comunidade. São os votos de,

Irmã Noemi Dariva, fsp

1. Cremos no Deus da vida

(Velório I)

Música: "Quando a dor chegar", faixa 10 do CD *Vida agora e sempre (Instrumental)*, de Frei Luiz Turra, São Paulo, Paulinas/Comep.

Dirigente: A nossa comunidade cristã sente-se hoje muito solidária com a família deste(a) nosso(a) irmão(ã) falecido(a), a quem dedicamos a nossa prece. Rezamos e cantamos, porque nós cremos no Deus da vida. Esta parece ser a melhor homenagem que podemos prestar a quem amamos e que deixa a nossa convivência neste mundo para a comunhão eterna junto ao Pai.

Leitor 1: Como os primeiros cristãos, *rezemos*: Nós vos damos graças, Pai nosso, pela vida e pelo conhecimento que nos revelastes em Jesus Cristo, vosso servo ressuscitado. A vós, Deus da vida, toda a honra e toda a glória pelos séculos. Cremos num Pai que dá seu Filho por amor. Cremos num Filho que dá sua vida por amor. Cremos numa semente pequenina que se torna árvore. Cremos no grão de trigo que cai na terra para dar fruto... Porque cremos no Deus da vida, sabemos que são felizes os que morrem no Senhor, porque suas obras os acompanham (cf. Ap 14,13).

Canto: "Eu sei em quem acreditei", do CD *Palavras sagradas de Paulo Apóstolo*, de Frei Luiz Turra, São Paulo, Paulinas/Comep.

Dirigente: A realidade da morte nos coloca diante de nossos limites humanos e diante da misericórdia infinita de Deus. Ele enviou seu Filho para que todos tenham vida. A morte é um fato que ninguém pode evitar. Porque todos queremos a vida, a morte nos preocupa e nos entristece. Para os que creem, a vida não é tirada, mas transformada.

Leitor 2: Nós cremos no Deus da vida que ressuscitou Jesus. Cristo vivo é a resposta que o Pai nos dá, garantindo-nos a vida e a esperança em nossa grande morte e nas pequenas mortes de cada dia. Em Jesus toda a nossa vida passa a ter sentido, inclusive a nossa morte. Cristo Pascal, Cristo eternamente vivo é o Senhor da vida nova. Nele edificamos sobre a rocha e encontramos proteção e certeza.

Todos: Nós vos damos graças, Pai de bondade, pela ressurreição de vosso Filho Jesus, pelo Espírito de paz e de alegria que por ele nos tendes concedido. Transformai nossa vida num fervoroso "Aleluia"! Assim, sejamos animados a viver e expressar, com sinceridade e amor, a fraternidade de fé que nos une a vossos filhos e que deve ser, no meio do mundo, sinal da presença de Jesus Ressuscitado até o fim dos tempos. Por Cristo, Senhor nosso. Abençoe-nos o Deus da vida que no amor vence a morte para podermos viver eternamente em comunhão de amor.

Dirigente: *Rezemos:* Pai-Nosso, Ave-Maria, Glória.

Dirigente: "O Senhor te abençoe e te guarde! O Senhor faça resplandecer sobre ti seu olhar e te conceda sua graça! O Senhor volte para ti o seu olhar e te dê a paz!" (Nm 6,24-26). E permaneçamos com o Pai, o Filho e o Espírito Santo.

Todos: Amém!

Canto: "Deus não está longe de cada um de nós", do CD *Palavras sagradas de Paulo Apóstolo*, de Frei Luiz Turra, São Paulo, Paulinas/Comep.

2. Em Cristo, todos viverão

(Missa de 7º dia ou velório)

Música: "Quando a dor chegar", faixa 10 do CD *Vida agora e sempre (Instrumental)*, de Frei Luiz Turra, São Paulo, Paulinas/Comep.

Dirigente: Em Cristo todos viverão! Com este pensamento, vamos nos unir em oração, celebrando a esperança e a vida. Tenhamos muito presente o dia da ressurreição de Cristo, que se tornou um dia sem fim, vencendo a noite da morte pelo triunfo da luz e da vida. À medida que o tempo passa, a saudade parece aumentar, mas a força da fé vai pondo em ordem os nossos sentimentos, até podermos assimilar os momentos de dor.

Leitor 1: Em Cristo, todos viverão. Nele nos sentimos muito unidos no amor. Vivos ou falecidos, conseguimos cultivar a comunhão dos santos e interceder uns pelos outros. Parentes e vizinhos, em comunidade, queremos partilhar a dor e as esperanças.

Dirigente: A motivação que nos reúne para rezar nos faz perceber como precisamos da graça e do amor de Deus para viver com dignidade e fé. Na Segunda Carta a Timóteo, o apóstolo Paulo convida a ser testemunha da ressurreição, já que em Cristo todos viverão (cf. 2Tm 2,8-12).

Leitor 2: "Lembra-te de que Jesus Cristo, descendente de Davi, ressuscitou dos mortos. Esse é o meu Evangelho, por causa do qual eu sofro, a ponto de estar acorrentado como um malfeitor. Mas a Palavra de Deus não está algemada. É por isso que tudo suporto por causa dos escolhidos, para que também eles alcancem a salvação que está em Jesus Cristo, com a glória eterna. Estas palavras são certas: se com ele morremos, com ele viveremos; se com ele sofremos, com ele reinaremos. Se nós o renegamos, também ele nos renegará. Se lhe formos infiéis, ele permanecerá fiel, pois não pode renegar a si mesmo... Se com ele morremos, com ele viveremos".

Canto: "Deus não está longe de cada um de nós", do CD *Palavras sagradas de Paulo Apóstolo*, de Frei Luiz Turra, São Paulo, Paulinas/Comep.

Dirigente: Quando lembramos a morte de uma pessoa querida, além da saudade, temos necessidade de fazer alguma coisa a mais. E o melhor que podemos fazer é colocar-nos numa atitude de fé e de oração, reunindo-nos em Jesus Cristo, em quem todos vivem. Jesus nos salvou da morte com a sua morte. Ressuscitando, nos dá a certeza da vida. "Se alguém está em Cristo, é uma nova criatura. As coisas antigas passaram: eis que uma nova realidade apareceu. [...] Deus nos reconciliou consigo em Jesus Cristo" (2Cor 5,17-18).

Todos: Senhor Jesus Cristo Ressuscitado, tu és o centro da história e o coração glorioso do mundo. Tu nos conheces e amas. Tu és o nosso companheiro, homem da dor e da esperança, caminho, verdade e vida. Tu és o homem novo e ressuscitado que sempre nos garante um novo começo e uma nova história. Amém.

Dirigente: *Rezemos:* Pai-Nosso, Ave-Maria, Glória.

Dirigente: "O Senhor te abençoe e te guarde! O Senhor faça resplandecer sobre ti seu olhar e te conceda sua graça! O Senhor volte para ti o seu olhar e te dê a paz!" (Nm 6,24-26). E permaneçamos com o Pai, o Filho e o Espírito Santo.

Todos: Amém!

Canto: "Se alguém está em Cristo, é nova criatura", do CD *Palavras sagradas de Paulo Apóstolo*, de Frei Luiz Turra, São Paulo, Paulinas/Comep.

3. Certeza da vida em Jesus Cristo Ressuscitado

(Celebração de corpo presente)

Música: "Quando a dor chegar", faixa 10 do CD *Vida agora e sempre*, de Frei Luiz Turra, São Paulo, Paulinas/Comep.

Dirigente: Irmãos, num ambiente de profundo respeito, celebramos a certeza da vida em Jesus Cristo Ressuscitado. Se estamos aqui reunidos, é porque queremos confirmar os laços de amizade e afeição por nosso(a) irmão(ã) e seus familiares. Juntos vamos rezar e escutar a Palavra de Deus, que é palavra de vida eterna.

Leitor 1: Segunda Carta de Paulo aos Coríntios, capítulo 4, versículo 10 e seguintes: "Sem cessar e por toda parte levamos em nosso corpo a morte de Jesus, a fim de que também a vida de Jesus se manifeste em nosso corpo. [...] Pois sabemos que aquele que ressuscitou o Senhor Jesus também nos ressuscitará com Jesus [...] É por isso que nós não perdemos a coragem. Pelo contrário: embora o nosso físico vá se desfazendo, o nosso homem interior vai se renovando a cada dia".

Leitor 2: A presença humana e solidária é sempre um gesto que ajuda a amenizar a dor e confortar a tristeza de uma separação. Essa presença se torna muito mais valiosa e eficaz na medida da fé que carregamos conosco. A fé no Cristo Ressuscitado faz ver além da aparência de um corpo frio e ferido pela morte. Tanta vida não pode perder-se nem morrer, nem se apagar, nem mesmo se destruir. "Para os que creem, a vida não é tirada, mas transformada."

Canto: "Eu sei em quem acreditei", do CD *Palavras sagradas de Paulo Apóstolo*, de Frei Luiz Turra, São Paulo, Paulinas/Comep.

Dirigente: A lembrança do grão de trigo que cai na terra e morre para produzir fruto ajuda-nos a perceber que a vida precisa passar pela morte para se abrir a uma dimensão eterna. Em Cristo a morte está vencida, mas não suprimida. A ressurreição não suprime nem a dor nem a morte, mas revela o sentido autêntico tanto de uma como de outra para a promoção da dignidade humana e da criação. A morte é a porta que se abre para a vida definitiva; é um salto infinito de qualidade no amor, a quem em vida amou a exemplo de Cristo.

Leitor 1: O Cristo que disse: "Eu sou a ressurreição e a vida" também disse: "Eu sou o pão da vida, quem comer deste pão viverá eternamente". Neste ambiente de solidariedade e esperança, celebremos a comunhão com Cristo. O melhor que podemos fazer por alguém que amamos é proclamar que cremos na ressurreição.

Dirigente: Elevemos nossa prece solidária nesta hora de dor e de amor *dizendo*:

Todos: Senhor, em vós há certeza de vida! Pai infinitamente bom, nós vos confiamos agora a vida e a história de quem chamastes para que o(a) acolhais em vossa misericórdia. Quando a noite da morte retira a luz de nosso olhar, que se manifeste para sempre o sol da ressurreição que não tem ocaso. Vós, que conhecestes a morte por nosso amor e triunfastes para que tenhamos vida, mantende os nossos corações na esperança. Acolhei esse(a) nosso(a) irmao(ã) e perdoai-o(a), pois sabemos de vossa ternura e de vosso amor.

Dirigente: *Rezemos:* Pai-Nosso, Ave-Maria, Glória.

Dirigente: "O Senhor te abençoe e te guarde! O Senhor faça resplandecer sobre ti seu olhar e te conceda sua graça! O Senhor volte para ti o seu olhar e te dê a paz!" (Nm 6,24-26). E permaneçamos com o Pai, o Filho e o Espírito Santo.

Todos: Amém!

Canto: "Aquele que vos chamou é fiel", do CD *Palavras sagradas de Paulo Apóstolo*, de Frei Luiz Turra, São Paulo, Paulinas/Comep.

4. Cristo, presença que faz viver

(Velório II)

Música: "Quando a dor chegar", faixa 10 do CD *Vida agora e sempre (Instrumental)*, de Frei Luiz Turra, São Paulo, Paulinas/Comep.

Dirigente: Irmãos, este momento de sofrimento e de dor é também hora de solidariedade. A comunidade cristã une-se à família do(a) falecido(a) para celebrar o conforto da fé que nos vem pela presença de Cristo Ressuscitado. Se é difícil enfrentar a dor de uma separação, é muito pior enfrentá-la sozinho.

Leitor 1: Se a presença solidária dos parentes, dos amigos e da comunidade traz um grande alento, a certeza da presença de Cristo Ressuscitado faz-nos sentir a eternidade. O Deus da vida vem transformar a morte e o luto em caminho de plenitude e redenção.

Dirigente: Nesta hora em que marcamos uma presença cristã solidária, queremos celebrar a presença daquele que disse: "Eu sou a ressurreição e a vida". Na morte do amigo Lázaro, Jesus comunica esperança e faz viver.

Leitor 2: No Evangelho de João, capítulo 11, versículos 11 a 27, lemos: "Naquele tempo Jesus disse a seus discípulos: 'O nosso amigo Lázaro adormeceu. Eu vou acordá-lo. [...] Depois falou claramente para eles: 'Lázaro está morto. [...] Agora vamos para a casa dele'. [...] Quando Jesus chegou, já fazia quatro dias que Lázaro estava no túmulo. [...] Quando Marta ouviu que Jesus estava chegando, foi ao encontro dele. Maria, porém, ficou sentada em casa. Então Marta disse a Jesus: 'Senhor, se estivesses aqui, meu irmão não teria morrido. Mas ainda agora eu sei: tudo o que pedires a Deus, ele te dará'. Jesus disse: 'Eu sou a ressurreição e a vida. Quem acreditar em mim, mesmo que morra, viverá. E todo aquele que vive e acredita em mim não morrerá para sempre. Tu acreditas nisso?'. Ela respondeu: 'Sim, Senhor! Eu acredito que és o Messias de Deus que devia vir a este mundo'".

Canto: "Deus não está longe de cada um de nós", do CD *Palavras sagradas de Paulo Apóstolo*, de Frei Luiz Turra, São Paulo, Paulinas/Comep.

Leitor 1: Certamente nos damos conta dos sentimentos que experimentamos diante da realidade da morte. Não escondemos a dor da separação nem a tristeza, nem as lágrimas. Tão humano é chorar lágrimas de dor. Jesus também não escondeu seu sentimento e chorou quando soube da morte do amigo Lázaro. Ele mesmo sentiu pavor diante da agonia e da morte na cruz. Contudo, Jesus não parou nas lágrimas e no pavor. Agarrando-se ao poder de Deus, ressuscitou Lázaro para garantir a todos que Deus quer a vida. Nele passamos da morte para a vida. Nós partilhamos a tristeza e a dor dos familiares, mas queremos também nos unir na fé em Jesus Cristo Ressuscitado e animar a certeza da vida além da morte.

Todos: Senhor Deus, em Jesus vos tornastes solidário conosco em tudo, menos no pecado. Assumistes nossas dores e nossa morte para termos vida, e vida em plenitude. Ontem, hoje e sempre sois presença de perdão para nosso pecado; sois presença de consolação em nossas tristezas; sois resposta de paz para nossas angústias; em nossa morte sois a ressurreição e a vida. Vossa presença faz viver e faz-nos sentir a eternidade, vós que viveis e reinais, na unidade do Espírito Santo. Amém.

Dirigente: *Rezemos:* Pai-Nosso, Ave-Maria, Glória.

Dirigente: "O Senhor te abençoe e te guarde! O Senhor faça resplandecer sobre ti seu olhar e te conceda sua graça! O Senhor volte para ti o seu olhar e te dê a paz!" (Nm 6,24-26). E permaneçamos com o Pai, o Filho e o Espírito Santo.

Todos: Amém!

Canto: "Aquele que vos chamou é fiel", do CD *Palavras sagradas de Paulo Apóstolo*, de Frei Luiz Turra, São Paulo, Paulinas/Comep.

5. Nós cremos na vida eterna...

(Antes da encomendação)

Música: "Quando a dor chegar", faixa 10 do CD *Vida agora e sempre (Instrumental)*, de Frei Luiz Turra, São Paulo, Paulinas/Comep.

Dirigente: Nós também ressuscitaremos, pois, quer vivamos, quer morramos, pertencemos ao Senhor! Há muitos acontecimentos que não compreendemos, e a morte cria em nós o vazio e a interrogação, mas temos certeza: Deus é a nossa salvação! A ressurreição de Jesus Cristo garante a nossa ressurreição.

Leitor 1: Na casa de meu Pai há muitas moradas! Eu vou preparar um lugar para vocês, diz o Senhor. Quem permanecer em mim viverá eternamente. Semeados na corrupção, ressuscitamos incorruptíveis; semeados na fraqueza, ressuscitamos vigorosos; semeados na mortalidade, ressuscitamos imortais, assim afirma a Palavra de Deus.

Leitor 2: Se com Cristo morremos, com ele também ressuscitaremos! Há alegrias que conduzem a desilusões, há tristezas que preparam uma festa! Nossa vida tem seu fundamento em Deus, nosso Salvador. A morte não extingue, ela transforma. A morte não aniquila, ela renova. A morte não separa, ela aproxima.

Leitor 1: Se com Cristo morremos, com ele também ressuscitaremos! A semente se transforma em árvore, a criança se transforma em pessoa adulta, a vida provisória se transforma em vida definitiva, o corpo mortal se desfaz, mas no céu recebemos um corpo imperecível de glória.

Canto: "Até que Cristo se forme em vós", do CD *Palavras sagradas de Paulo Apóstolo*, de Frei Luiz Turra, São Paulo, Paulinas/Comep.

Dirigente: Lemos no Evangelho de João, capítulo 11, versículos 21 a 27: "Naquele tempo, Marta disse a Jesus: 'Senhor, se estivesses aqui, meu irmão não estaria morto! E, no entanto, eu sei: tudo o que pedires a Deus ele te concederá'. Jesus disse: 'Teu irmão ressuscitará'. Marta lhe disse: 'Eu sei que há de ressuscitar, na ressurreição do último dia'. Jesus lhe disse: 'Eu sou a ressurreição e a vida. Aquele que crê em mim, mesmo se houver morrido, viverá. E todo aquele que vive e crê em mim não morrerá para sempre. Crês nisso?' Ela respondeu: 'Sim, ó Senhor, eu creio que tu és o Messias, o Filho de Deus vivo, aquele que devia vir a este mundo'".

Leitor 2: Mistérios de amor, desafios de vida, certeza de imortalidade, cremos no Pai, que nos sorriu pelo rosto de Jesus Cristo, e no Espírito Santo, que nos une como irmãos, para transformar o mundo em Reino de Deus, o egoísmo em fraternidade, a morte em ressurreição. Cremos que Jesus Cristo ressuscitou; portanto, nós também ressuscitaremos. Cremos que Deus é o sentido absoluto do homem e do mundo, e que vale a pena participar da Igreja, caminhar juntos para chegar juntos ao mundo que os olhos jamais viram, que os ouvidos jamais ouviram, e que jamais passou pela imaginação de ninguém, mas que Deus prepara para aqueles que se amam. Sim, cremos na vida eterna, onde não haverá lágrimas, e a morte não existirá mais, nem haverá luto, nem pranto, nem fadiga, porque tudo já passou.

Todos: Ajudai-nos, Senhor, a ser Igreja, vivendo como gente que encontrou no Cristo Ressuscitado o sentido definitivo para a vida de cada um, para a história do mundo. Que entendamos, Senhor, que o Cristo Ressuscitado não afastou somente a pedra do sepulcro, mas tudo o que impedia a nossa libertação, para a vida feliz, vitoriosa sobre o mal.

Dirigente: *Rezemos:* Pai-Nosso, Ave-Maria, Glória.

Dirigente: "O Senhor te abençoe e te guarde! O Senhor faça resplandecer sobre ti seu olhar e te conceda sua graça! O Senhor volte para ti o seu olhar e te dê a paz!" (Nm 6,24-26). E permaneçamos com o Pai, o Filho e o Espírito Santo.

Todos: Amém!

Canto: "Eu sei em quem acreditei", do CD *Palavras sagradas de Paulo Apóstolo*, de Frei Luiz Turra, São Paulo, Paulinas/Comep.

6. Amor mais forte do que a morte

(Velório III)

Música: "Quando a dor chegar", faixa 10 do CD *Vida agora e sempre*, de Frei Luiz Turra, São Paulo, Paulinas/Comep.

Dirigente: Irmãos, a Igreja quer unir-se à família enlutada e vem rezar neste momento. É nessas horas que todos nos sentimos frágeis em nossa condição humana e precisamos procurar a ajuda que vem de Deus. Nele temos a certeza de que o amor é mais forte do que a morte. Com o Salmo 40, *rezemos*: "O Senhor colocou os meus pés sobre a rocha e firmou os meus passos; feliz é aquele que confia no Senhor!".

Leitor 1: É nas horas mais difíceis que precisamos reunir nossas forças para superar as nossas fraquezas e buscar em Deus toda a coragem para continuar lutando em favor da vida. O amor é mais forte do que a morte. A vida é fruto de um amor mais forte do que a morte. Nós somos amados por Deus, que é Pai. Ele quer a vida e nele não há sombras de morte.

Leitor 2: Meu Deus, eu me encaminhava para vós, mas já os vossos passos se aproximavam de mim. Eu desejava esperar-vos e soube que vós já andáveis à minha procura. Eu pensava: "Até que enfim, encontrei-o!". Mas senti-me encontrado por vós. Eu queria dizer-vos: "Senhor, amo-vos muito!". Mas entendi que o vosso amor é mais forte do que a morte e vós me amastes primeiro. Eu queria pedir-vos perdão, e soube que vós já me havíeis perdoado. Eu queria pedir que me livrásseis do sofrimento e da morte e que assumísseis nossas dores e nossa morte para nos levardes convosco na ressurreição. Obrigado(a), Senhor!

Canto: "Eu sei em quem acreditei", do CD *Palavras sagradas de Paulo Apóstolo*, de Frei Luiz Turra, São Paulo: Paulinas/Comep.

Leitor 1: Desde que Cristo, caminho, verdade e vida, ressuscitou, o amor se tornou mais forte do que a morte. É ele que nos garante a acolhida na casa do Pai. Lemos no Evangelho de João, capítulo 14, versículos 1 a 6: "Naquele tempo Jesus continuou dizendo: 'Não fique perturbado o vosso coração. Acreditai em Deus e acreditai também em mim. Existem muitas moradas na casa de meu Pai. Se não fosse assim, eu vos teria dito, porque vou preparar um lugar para vós. E quando eu for e vos tiver preparado um lugar, voltarei e vos levarei comigo para que onde eu estiver estejam vós também. E para onde eu vou vós já conheceis o caminho'. Tomé disse a Jesus: 'Senhor, nós não sabemos para onde vais; como podemos conhecer o caminho?' Jesus respondeu: 'Eu sou o caminho, a verdade e a vida. Ninguém vai ao Pai senão por mim'".

Leitor 2: Diante da realidade da morte, somos chamados a pensar e olhar diferente o que nos parece sem sentido. Jesus é o verdadeiro caminho para a vida, quem o segue não vai para a morte, mas a própria morte se transforma em passagem para a vida. Em Jesus, o Pai confirmou que seu amor é mais forte do que a morte. Deus, doador da vida, se manifesta inteiramente na pessoa e na ação de Jesus.

Dirigente: A comunidade que segue Jesus não caminha para o fracasso, pois a meta é a vida. A fé em Jesus Cristo Ressuscitado se faz o único argumento que ilumina a nossa dor, porque o caminho é cansativo, mas o Senhor estende sua mão para nos erguer e nos fazer continuar. Nele a esperança jamais falece e nele também o amor nunca morre, mas se torna mais forte do que a morte.

Todos: Senhor, a vida é um berço onde vós nos socorreis, como a criança cuidada pelo amor da mãe e do pai. Sem a vossa permissão ninguém vive ou morre. Em vós a vida se torna amor e o amor se torna mais forte do que a morte. Em vossa presença nada nos pode intimidar. Com a vossa proteção ninguém nos poderá destruir, nem mesmo a morte. Uma nova inspiração anima a nossa vida, porque sois Deus da vida; sois Deus-amor. Queremos fazer a vossa vontade sendo fiéis a vós, em cujo amor existimos e pelo qual passamos da morte para a vida. Amém.

Dirigente: *Rezemos:* Pai-Nosso, Ave-Maria, Glória.

Dirigente: "O Senhor te abençoe e te guarde! O Senhor faça resplandecer sobre ti seu olhar e te conceda sua graça! O Senhor volte para ti o seu olhar e te dê a paz!" (Nm 6,24-26). E permaneçamos com o Pai, o Filho e o Espírito Santo.

Todos: Amém!

Canto: "Deus não está longe de cada um de nós", do CD *Palavras sagradas de Paulo Apóstolo*, de Frei Luiz Turra, São Paulo, Paulinas/Comep.

7. O amor nos garante a vida

(Durante os 30 dias)

Música: "Quando a dor chegar", faixa 10 do CD *Vida agora e sempre*, de Frei Luiz Turra, São Paulo, Paulinas/Comep.

Dirigente: Com saudação de paz, acolhemos a todos os que se reúnem para este momento bonito de oração. Aqui e agora queremos lembrar-nos de tudo quanto vivemos juntos: alegrias e dores, trabalhos e lazer, horas de amizade e momentos de provações. Também pedimos a Deus o perdão por tudo o que não foi certo tanto em sua vida como na nossa.

Leitor 1: Com esta celebração queremos reacender a luz da fé que nos faz ver bem o sentido da vida e também da morte. Atentos à Palavra de Deus, perceberemos que só o amor nos garante a vida. A primeira atitude nossa nesta hora de oração brota de nossa humildade. Diante de Deus, somos o que somos. Ele nos ama assim, no desejo de que sejamos melhores.

Canto: "Ele me amou e se entregou por mim", do CD *Palavras sagradas de Paulo Apóstolo*, de Frei Luiz Turra, São Paulo, Paulinas/Comep.

Leitor 2: Na Primeira Carta de João, capítulo 4, versículos de 7 a 21, o evangelista deixa claro que o julgamento de Deus será feito sobre a prática do amor vivido ou não. Por isso, quem ama não teme o julgamento.

Leitor 1: "Amados, amemo-nos uns aos outros, pois o amor vem de Deus. E todo aquele que ama nasceu de Deus e conhece a Deus. Quem não ama não conhece a Deus, porque Deus é amor. Nisto se tornou visível o amor de Deus entre nós: Deus enviou seu Filho único a este mundo para dar-nos a vida por meio dele. E o amor consiste no seguinte: não fomos nós que amamos a Deus, mas foi ele que nos amou primeiro e nos enviou seu Filho como vítima de expiação pelos nossos pecados. Se Deus nos amou a tal ponto, também nós devemos amar-nos uns aos outros. Ninguém jamais viu a Deus. Se nos amamos uns aos outros, Deus está conosco e seu amor se realiza completamente entre nós. [...] Deus é amor: quem permanece no amor permanece em Deus, e Deus permanece nele".

Leitor 2: "Nisto se realizou completamente o amor entre nós: o fato de termos plena confiança no dia do julgamento, porque, tal como Jesus é, assim somos nós neste mundo. No amor não existe medo; pelo contrário, o amor perfeito lança fora o medo, porque o medo supõe castigo. Assim, quem sente medo não está realizado no amor. Quanto a nós, amemos, porque ele nos amou primeiro. [...] Este é o mandamento que dele recebemos: quem ama a Deus ame também o seu irmão".

Todos: Senhor eterno e todo amor, estamos reunidos na amizade para rezar com fé pelo(a) nosso(a) irmão(ã) que terminou a caminhada no meio de nós. Diante da morte que não compreendemos, sabemos que vosso olhar é infinitamente maior do que o nosso, vossa misericórdia é sem limites e vosso coração é todo amor. Só vós podeis curar o nosso coração e dar-lhe força de amar para além da morte. Derramai o vosso Espírito e tornai viva nossa comunhão. Por vosso Filho Jesus Cristo Ressuscitado, na unidade do Espírito Santo. Amém.

Dirigente: *Rezemos:* Pai-Nosso, Ave-Maria, Glória.

Dirigente: "O Senhor te abençoe e te guarde! O Senhor faça resplandecer sobre ti seu olhar e te conceda sua graça! O Senhor volte para ti o seu olhar e te dê a paz!" (Nm 6,24-26). E permaneçamos com o Pai, o Filho e o Espírito Santo.

Todos: Amém!

Canto: "É Cristo que vive em mim", do CD *Palavras sagradas de Paulo Apóstolo*, de Frei Luiz Turra, São Paulo, Paulinas/Comep.

8. Lembrando nossos mortos

(Dia de Finados)

Música: "Quando a dor chegar", faixa 10 do CD *Vida agora e sempre*, de Frei Luiz Turra, São Paulo, Paulinas/Comep.

Dirigente: "A primeira coisa que se pede a nós, cristãos, é que amemos o nosso tempo... Cada um de nós deve descobrir a responsabilidade, a dor e o júbilo da nossa hora", diz o Cardeal Pirônio. Bem morre aquele que bem vive! A tentação de fugir e deixar que passem no vazio os nossos dias é uma das causas mais fortes do medo da morte e do desperdício da vida. Para bem viver e fazer da morte o passo para a plenitude, precisamos impregnar de amor e sentido o nosso dia a dia.

Leitor 1: Paul Claudel nos diz que para compreender uma vida, como para compreender uma paisagem, é necessário escolher bem o ponto de vista. Para nós, humanos, o melhor ponto de vista é a morte. A partir da morte avaliamos o conjunto dos acontecimentos de nossa história. Em que vale a pena investir? O que garante o sucesso de uma vida? O que permanece para sempre? O posicionamento diante da vida muda conforme o posicionamento diante da morte.

Leitor 2: Todo cuidado é pouco para que a nossa liberdade vá se adequando à vontade de Deus. Esta é a vontade que mais nos convém. Confiar a Deus o sentido da vida é encontrar nele o sentido da morte. Isto só é possível quando se cultiva uma verdadeira espiritualidade, sem a qual nos vemos mal e não nos entendemos no viver e menos ainda no conviver.

Canto: "Deus ama a quem dá com alegria", do CD *Palavras sagradas de Paulo Apóstolo*, de Frei Luiz Turra, São Paulo, Paulinas/Comep.

Leitor 1: Leonardo Boff, em seu livro *Saber cuidar*, nos diz: "Cuidar do espírito significa cuidar dos valores que dão rumo à nossa vida e das significações que geram esperança para além de nossa morte. Cuidar do espírito implica colocar os compromissos éticos acima dos interesses pessoais ou coletivos. Cuidar do espírito demanda alimentar a brasa interior da contemplação e da oração para que nunca se apague...".

Leitor 2: "Significa, especialmente, cuidar da espiritualidade experienciando Deus em tudo e permitindo seu permanente nascer e renascer no coração. Então poderemos preparar-nos, com serenidade e jovialidade, para a derradeira travessia e para o grande encontro".

Dirigente: O insistente tema da "vigilância" que encontramos nos Evangelhos não é acidental. Diante de Jesus, o Mestre da vida e o vencedor da morte, é necessário mobilizar toda a nossa atenção e todas as nossas energias. Vigilância é luta que prepara um grande encontro e leva a alcançar a meta. Certamente o que todos queremos, mas nem sempre favorecemos.

Todos: Senhor, vós sois o sentido da vida e da morte, e sem vós tudo é absurdo! Vós prometestes à samaritana a água perene; à multidão de Cafarnaum, o pão da vida; para todos nós, um banquete eterno, uma festa permanente, e contemplar-vos face a face. Cumprireis agora, Senhor, a vossa palavra, vós que sois Deus, com o Pai e o Espírito Santo. Amém.

Dirigente: *Rezemos:* Pai-Nosso, Ave-Maria, Glória.

Dirigente: "O Senhor te abençoe e te guarde! O Senhor faça resplandecer sobre ti seu olhar e te conceda sua graça! O Senhor volte para ti o seu olhar e te dê a paz!" (Nm 6,24-26). E permaneçamos com o Pai, o Filho e o Espírito Santo.

Todos: Amém!

Canto: "É Cristo que vive em mim", do CD *Palavras sagradas de Paulo Apóstolo*, de Frei Luiz Turra, São Paulo, Paulinas/Comep.

9. A morte de Jesus e a nossa morte

Música: "Quando a dor chegar", faixa 10 do CD *Vida agora e sempre*, de Frei Luiz Turra, São Paulo, Paulinas/Comep.

Dirigente: "Somente a morte do Filho de Deus poderia modificar radicalmente a nossa morte. Depois que o Cristo morreu pela salvação do mundo, a vida de Deus e a sua glória entraram definitivamente no mundo. Não existe no universo acontecimento mais importante do que esta morte" (Karl Rahner).

Leitor 1: Apesar de tudo, não podemos esquecer que a vida de Cristo não foi uma alegre caminhada para a morte, como às vezes se pode imaginar ingenuamente. Cristo amava a vida e queria colocá-la inteiramente a serviço dos homens. Mas já na metade de sua vida pública começa a prever a própria morte, noticiando-a aos seus discípulos (Mc 8,31). Vemo-lo como uma vítima da intolerância e da injustiça, um amotinador, um sacrificado por ardiloso cálculo político.

Leitor 2: Em Jesus travou-se a luta entre o desejo de um batismo de sangue heroico, decorrente de sua vocação de servo de Deus, e o seu amor à vida e aos seus. Jesus não esconde sua crise mais angustiante. A cena do Getsêmani está muito distante da apatia dos estoicos, assemelhando-se ao desespero de Jó. O grito da cruz expressa o sentimento terrível de abandono do Pai e a sensação de frustração em relação à obra de amor que havia realizado na terra (cf. Mc 15,33-38).

Canto: "Deus não está longe de cada um de nós", do CD *Palavras sagradas de Paulo Apóstolo*, de Frei Luiz Turra, São Paulo, Paulinas/Comep.

Leitor 1: A morte de Jesus, sentida e vista como um fato imediato, deu a impressão de que a lei venceu o Evangelho e a "justiça melhor" não deu em nada. Para os apóstolos, a morte real de Cristo na cruz representou a morte de suas esperanças. Aquele grupo de homens já não parecia capaz de mais nada, a não ser de esconder-se e fugir. Pareciam mais mortos do que Jesus. Mas nem tudo teminou com a sua morte. A incrível força do Evangelho voltou a surgir a partir da própria morte de Jesus. O credo de sua comunidade é este: o crucificado vive para sempre junto de Deus, sinal de esperança para nós.

Leitor 2: Todo este drama não basta para fazer de Cristo um Salvador. O que resgata a sua morte e a transfigura, para ele e para nós, é o imenso peso de amor com que faz o dom da vida. É neste amor mais forte do que a morte que ele nos liberta da violência e do ódio, do fanatismo e do medo, do orgulho e da autossuficiência, para tornar-nos, como ele, disponíveis a Deus e aos outros, capazes de amar e perdoar, de ter confiança e reconstruir, de crer no homem, ultrapassando as aparências e as deformações.

Todos: Senhor, a vida é como um berço onde vós nos socorreis, como a criança cuidada pelo amor da mãe e do pai. Sem vossa permissão, ninguém vive ou morre. Em vós a vida se torna amor e o amor se torna mais forte do que a morte. Em vossa presença nada nos pode intimidar. Com a vossa proteção, ninguém nos poderá destruir, nem mesmo a morte. Uma nova inspiração anima a nossa vida, porque sois Deus da vida; sois Deus-amor. Queremos fazer a vossa vontade sendo fiéis a vós, em cujo amor existimos e pelo qual passamos da morte para a vida. Amém.

Dirigente: *Rezemos:* Pai-Nosso, Ave-Maria, Glória.

Dirigente: "O Senhor te abençoe e te guarde! O Senhor faça resplandecer sobre ti seu olhar e te conceda sua graça! O Senhor volte para ti o seu olhar e te dê a paz!" (Nm 6,24-26). E permaneçamos com o Pai, o Filho e o Espírito Santo.

Todos: Amém!

Canto: "É Cristo que vive em mim", do CD *Palavras sagradas de Paulo Apóstolo*, de Frei Luiz Turra, São Paulo, Paulinas/Comep.

10. A ressurreição de Jesus e a nossa ressurreição

Música: "Quando a dor chegar", faixa 10 do CD *Vida agora e sempre (Instrumental)*, de Frei Luiz Turra, São Paulo, Paulinas/Comep.

Dirigente: A ressurreição de Jesus é que resolve o problema de nossa vida e de nossa morte. "Se Cristo não tivesse ressuscitado, vã seria a nossa pregação e também a vossa fé" (1Cor 15,14). O movimento iniciado por Jesus deslanchou, de verdade, somente após a morte. As pessoas do Novo Testamento estão animadas e estimuladas pela certeza de que o que foi morto não permaneceu na morte, mas vive, e todos os que a ele aderem com fé e confiança também viverão.

Leitor 1: A nova e eterna vida de Um tornou-se a real esperança para todos. Jesus é em pessoa a "ressurreição e a vida; quem acreditar nele, mesmo que venha a morrer, viverá" (Jo 11,25). Nisto se funda a suprema e inconfundível esperança de nossa vida: "Deus, que ressuscitou o Senhor, também nos ressuscitará por seu poder" (1Cor 6,14). É por isso que o cristão é a pessoa que crê apaixonadamente na vitória da vida.

Leitor 2: O Filho de Deus feito homem morreu e ressuscitou para todos os homens. O Novo Testamento insiste: "Deu sua vida em resgate por todos, pela multidão" (cf. Mt 20,28; Ef 5,25-27). Estas afirmações nos confirmam que a vida, paixão e ressurreição de Cristo se tornaram realmente nossas e a existência de todos os homens e mulheres se encontra realmente solidária com a Páscoa de Cristo. A Páscoa é a certeza de que o coração do mundo já está recriado.

Leitor 1: Estamos todos envolvidos na glorificação de Cristo. No coração de todas as realidades humanas e terrestres está, para o futuro, Jesus Ressuscitado, novo começo, novo nascimento, nova criação para a eternidade. É exatamente aqui que se fundamenta o otimismo realista dos cristãos.

Canto: "Toda língua proclame", do CD *Palavras sagradas de Paulo Apóstolo*, de Frei Luiz Turra, São Paulo, Paulinas/Comep.

Leitor 2: Nós cremos que não existe nada de mais belo, mais profundo, mais simpático e mais perfeito do que o Cristo Ressuscitado. Deus é o centro de nossas aspirações mais profundas. Deus é tudo. Mas o único caminho que nos leva ao Pai é Cristo. O verdadeiro sentido do nosso viver e conviver depende de uma só coisa: reconhecer ou não o Cristo por ideal definitivo do homem sobre a terra. "Se crês em Cristo, acreditarás também que viverás eternamente" (Dostoiévski).

Leitor 1: A imortalidade é uma necessidade. Somente ela garante um sentido à vida humana e permite o desabrochamento total, no eterno, do esforço de ascensão, tentado pelo homem na vida terrestre. A Páscoa nos ensina a ler a história por dentro e avaliar as coisas e as pessoas de acordo com a sua dimensão definitiva. Nós valemos pelo que vale a morte de Cristo na cruz. É por isso que nossa vida é sagrada e nossos direitos são invioláveis.

Todos: Meu Deus, eu me encaminhava para vós, mas já os vossos passos se aproximavam de mim. Eu desejava esperar-vos e soube que vós já me esperáveis. Eu desejava procurar-vos, e vi que vós já andáveis à minha procura. Eu pensava: "Até que enfim, encontrei-o!". Mas senti-me encontrado por vós. Eu queria dizer-vos: "Senhor, amo-vos muito!". Mas entendi que o vosso amor é mais forte do que a morte e vós me amastes primeiro. Obrigado(a), Senhor!

Dirigente: *Rezemos:* Pai-Nosso, Ave-Maria, Glória.

Dirigente: "O Senhor te abençoe e te guarde! O Senhor faça resplandecer sobre ti seu olhar e te conceda sua graça! O Senhor volte para ti o seu olhar e te dê a paz!" (Nm 6,24-26). E permaneçamos com o Pai, o Filho e o Espírito Santo.

Todos: Amém!

Canto: "Até que Cristo se forme em nós", do CD *Palavras sagradas de Paulo Apóstolo*, Frei Luiz Turra, São Paulo, Paulinas/Comep.

Orações diversas para momentos de dor e esperança

Simplesmente diante de ti

Estar diante de ti, Senhor, é tudo. Fechar os olhos de meu corpo, fechar os olhos de minha alma, e permanecer imóvel, em silêncio, expor-me a ti, que estás presente, exposto a mim, estar presente a ti, o Infinito presente. Aceito, Senhor, nada sentir, nada ver, nada ouvir, vazio de toda a coisa, de toda a imagem, na noite. Eis-me simplesmente para te encontrar sem obstáculo, no silêncio da fé, diante de ti, Senhor... As pessoas que encontrei e que me habitam, trago-as também, apresentando-me a ti. Eu as exponho, expondo-me a ti. Eis-me, ei-las diante de ti, Senhor!

(Michel Quoist)

A minha vontade te pertence

Senhor, estou batendo, abre-me a porta e ensina-me como chegar a ti! Só tenho minha vontade, dá-me os meios para chegar ali. Aumenta a minha fé, aumenta minha esperança, minha caridade, porque é para ti que a fé me impele e a esperança me eleva. É a ti que a caridade me une e pela qual triunfo. Ó Deus, sê propício e vem a mim. Conduze-me até a porta, tu que fazes entrar. Assim, estarei preparado para a recompensa celeste.

(Santo Agostinho de Hipona)

Sofrendo, tu nos salvaste

Cada parte de tua carne, Senhor, sofreu algum ultraje por nós: a cabeça sofreu os espinhos, teu rosto, os escarros, a boca, o vinagre, teus ouvidos, as blasfêmias, teus ombros, a púrpura da irrisão, e teu dorso, os açoites. Tu, que sofreste por nós, e que, sofrendo, nos libertaste. Tu, que, por amor do homem, te aniquilaste conosco e nos ressuscitaste, Salvador nosso, tem piedade de nós!

(Liturgia Oriental)

Em ti está o repouso

Senhor, como parte de tua criação, quero louvar-te. Tu nos fizeste para ti e nosso coração está inquieto até que não descanse em ti. Quem me dera poder repousar em ti... Meu coração está diante de ti, pronto para ouvir. Abre-o, Senhor, e dize à minha alma: eu sou a tua salvação. Senhor, tu és só doçura e suavidade. Minha fraqueza me faz desfalecer e, muitas vezes, afasta o meu pensamento de ti. Mas se tu me seguras, não temo mais cair: apoiado em ti, estarei firme. Amém.

(Santo Agostinho de Hipona)

Procurar sempre

Senhor, meu Deus, na medida em que pude, na medida em que me deste poder, eu te procurei e desejo ver aquilo em que acreditei. Permite, Senhor, que eu nunca me canse em minha procura, e faze que eu procure sempre ardentemente a tua face. Dá-me a força de procurar-te. Tu que já me concedeste encontrar-te. Tu que me deste sem cessar a esperança de te encontrar ainda mais! Senhor, meu Deus, concede-me que me lembre sempre de ti, te compreenda e te ame. Amém.

(Santo Agostinho de Hipona)

Oração de abandono

Meu Pai, abandono-me a ti, faze de mim o que te agradar, seja o que for que faças de mim, estou pronto para tudo, aceito tudo, contanto que se faça em mim a tua vontade e em todas as criaturas. Não desejo nada mais, meu Deus. Entrego minha alma em tuas mãos. Eu a dou a ti, meu Deus, com todo o amor de meu coração, porque te amo e porque, para mim, é necessidade de amor dar-me, entregar-me em tuas mãos, com confiança infinita, porque tu és meu Pai.

(Charles de Foucauld)

Oração de todos os dias

Senhor, põe ordem em minha vida, e o que queres que eu faça. Concede-me conhecê-lo, concede-me fazê-lo como devo e como é útil para a salvação de minha alma. Que eu vá para ti, Senhor, por caminho seguro, reto e agradável. Que leve ao termo, por caminho que não se perca entre as prosperidades e adversidades. Que eu te dê graças nas coisas prósperas e conserve a paciência nas coisas adversas, não me deixando exaltar pelas primeiras, nem me abater pelas segundas. Amém.

(Santo Tomás de Aquino)

No caminho para a eternidade

Meu Senhor, penso, com um pouco de inquietação, no instante em que, no fim do caminho, me receberás na soleira de tua Casa. Instante no qual, com minhas duas mãos estendidas, narrar-te-ei minha vida, com suas confusões de penas e alegrias, de revoltas e adorações, de devotamentos e egoísmos, de preguiças e impulsos, de retidões e de secretas hipocrisias. Instante temível... Pai muito bom, ajuda-me a preparar este dia e a aproveitar aqui as tentativas de teu amor. Guarda-me no caminho reto. Conserva-me na fidelidade que devo a ti. Fortalece minha vontade no dever, meu coração na dedicação. Minha vida inteira em teu serviço. Amém.

(Ludovic Giraud)

Sou trigo de Deus...

Escrevo a todas as Igrejas e anuncio a todos que, de boa vontade, morro por Deus, caso vós não me impeçais de fazê-lo. Eu vos suplico que não tenhais benevolência inoportuna por mim. Deixai que eu seja pasto das feras, por meio das quais me é concedido alcançar a Deus. Sou trigo de Deus, e serei moído pelos dentes das feras, para que me apresente como trigo puro de Cristo. Então eu serei verdadeiramente discípulo de Jesus Cristo, quando o mundo não vir mais o meu corpo. Se eu sofro, serei um liberto de Jesus Cristo e ressurgirei nele como pessoa livre.

(Santo Inácio, mártir, aos Romanos).

Vencendo o medo da morte

Foste tu, Senhor, que eliminaste de nós o medo da morte. Foste tu que fizeste para nós ser o fim desta vida o princípio da verdadeira vida. Foste tu que nos arrancaste da maldição e do pecado, tornando-te ambos por nós. Foste tu que abriste o caminho da ressurreição, depois de haver quebrado as portas do inferno e reduzido à impotência aquele que reinava sobre a morte. Foste tu que deste como emblema àqueles que te seguem o sinal da Santa Cruz para aniquilar o Adversário e dar segurança à nossa vida. Deus eterno, em quem me atirei desde o seio de minha mãe... coloca junto a mim um anjo de luz que me conduza pela mão lá onde se acha a água do repouso... De mim também te lembra no teu Reino. Amém.

(Oração de Santa Macrina,
transcrita por São Gregório de Nissa)

Alegria pela acolhida de Deus

Na entrada de sua casa, nosso Pai nos espera e os braços de Deus se abrirão para nós. Quando as portas da vida se abrirem diante de nós, na paz Deus nos encontraremos. A água que nos deu a vida lavará nosso olhar e nossos olhos verão a salvação de Deus. Quando chegar o derradeiro dia, ao chamado do Senhor nos ergueremos e caminharemos em direção à vida. Como em nossa primeira manhã, brilhará o sol e entraremos na alegria de Deus. Amém.

(Canção recolhida na França).

Toma, Senhor, as minhas afeições

Senhor, abre o meu coração, entra neste lugar rebelde, toma minhas afeições, que o mundo roubou de ti. Retoma-as, porque elas te pertencem como tributo que te devo. Em meu coração a imagem do mundo está tão gravada que a tua não é mais reconhecível! Só tu, Senhor, pudeste criá-lo. Só tu podes criá-lo de novo. Só tu podes renová-lo e reimprimir nela a tua imagem apagada! Nada, senão tu, Senhor, pode satisfazer minha esperança.

(Blaise Pascal)

Reflexão sobre a morte

A morte não é nada. É somente uma passagem de uma dimensão para outra. Eu somente passei para o outro lado do caminho. Estou agora em outra vida, não podem atormentar essa minha passagem com tristeza e lágrimas. Eu tenho que ter muita paz para purificar minha alma e andar tranquilo pelos jardins da dimensão que me encontro. Vocês são vocês. Estão vivos, a vida não pode parar porque um membro da família partiu. O que eu era para vocês, eu continuarei sendo. Se dei bons exemplos, sigam-nos, se fui bom imitem-me, se deixei vocês com saudades, quando se lembrarem de mim façam uma oração, peçam meu descanso, meu repouso e que meu encontro com Deus, seja minha glória. Deem-me o nome que vocês sempre me deram, falem comigo como vocês sempre fizeram. As lágrimas de vocês me fazem um enorme mal, cada um de nós tem seu dia marcado, o meu veio agora. Pensem simplesmente que nos encontraremos mais cedo ou mais tarde. Vocês continuam vivendo no mundo das criaturas, eu estou vivendo no mundo do Criador. Não utilizem um tom solene ou triste, continuem a rir juntos. Rezem, sorriam, pensem em mim. Que meu nome seja pronunciado como sempre foi, sem diferença por eu não estar presente, não saí da vida de vocês porque quis, mas sim porque Deus determinou. Aceitem para que eu não lamente estar sendo motivo de sofrimento, pois jamais os magoaria por minha vontade. Não tenham revoltas, não lamentem, apenas tentem compreender. Se não se lembrarem de mim com alegria, vou ficar no meio do caminho, sem poder ir para onde tenho de ir, sabendo que nada posso fazer para voltar para vocês. Não quero tristeza, não quero lágrimas, quero orações. A vida significa tudo o que ela sempre significou, o fio não foi cortado. Por que eu estaria fora de seus pensamentos, agora que estou apenas fora de suas vistas? Eu não estou longe, apenas estou do outro lado do caminho... Vocês que ficaram, sigam em frente, a vida continua linda e bela como sempre foi.

(Santo Agostinho)

Sumário

7	Apresentação
9	1. Cremos no Deus da vida (Velório I)
12	2. Em Cristo todos viverão (Missa de 7º dia ou velório)
15	3. Certeza da vida em Jesus Cristo Ressuscitado (Celebração de corpo presente)
18	4. Cristo, presença que faz viver (Velório II)
22	5. Nós cremos na vida eterna (Antes da encomendação)
26	6. Amor mais forte do que a morte (Velório III)
30	7. O amor nos garante a vida (Durante os 30 dias...)
34	8. Lembrando nossos mortos (Dia de Finados)
38	9. A morte de Jesus e a nossa morte
42	10. A ressurreição de Jesus e a nossa ressurreição
46	Orações diversas para momentos de dor e esperança

Impresso na gráfica da
Pia Sociedade Filhas de São Paulo
Via Raposo Tavares, km 19,145
05577-300 - São Paulo, SP - Brasil - 2016